AF372834

Rosa Luxemburg

Zur russischen Revolution

e-artnow 2018

Carl von Clausewitz
Vom Kriege

Wladimir Iljitsch Lenin
Was tun?

Friedrich Nietzsche
Unzeitgemäße Betrachtungen

Rosa Luxemburg
Kirche und Sozialismus

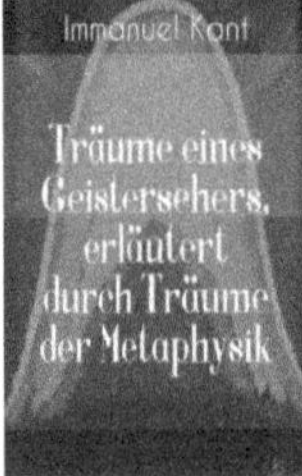

Immanuel Kant
Träume eines Geistersehers, erläutert durch Träume der Metaphysik

Oswald Spengler
Jahre der Entscheidung

Karl Vorländer
Populäre Geschichte der Philosophie

Karl Marx
Zur Kritik der Hegelschen Rechtsphilosophie

Rosa Luxemburg
Sozialreform oder Revolution? - Miliz und Militarismus

Rosa Luxemburg
Der proletarische Massenkampf in Deutschland: Ermattung oder Kampf? + Sozialreform oder Revolution? + Die Theorie und die Praxis + Der Wiederaufbau der Internationale + Was will der Spartakusbund?...

Rosa Luxemburg

Zur russischen Revolution

Kritik der Leninschen Revolutionstheorie

e-artnow, 2018
Kontakt: info@e-artnow.org

ISBN 978-80-268-8559-7

Inhaltsverzeichnis

I

Die russische Revolution ist das gewaltigste Faktum des Weltkrieges. Ihr Ausbruch, ihr beispielloser Radikalismus, ihre dauerhafte Wirkung strafen am besten die Phrase Lügen, mit der die offizielle deutsche Sozialdemokratie den Eroberungsfeldzug des deutschen Imperialismus im Anfang diensteifrig ideologisch bemäntelt hat: die Phrase von der Mission der deutschen Bajonette, den Zarismus zu stürzen und seine unterdrückten Völker zu befreien. Der gewaltige Umfang, den die Revolution in Rußland angenommen hat, die tiefgehende Wirkung, womit sie alle Klassenverhältnisse erschüttert, sämtliche sozialen und wirtschaftlichen Probleme aufgerollt, sich folgerichtig vom ersten Stadium der bürgerlichen Republik voranbewegt hat – wobei der Sturz des Zarismus nur eine knappe Episode, beinahe eine Lappalie geblieben ist –, all dies zeigt auf flacher Hand, daß die Befreiung Rußlands nicht das Werk des Krieges und der militärischen Niederlage des Zarismus war, nicht das Verdienst „deutscher Bajonette in deutschen Fäusten", wie die Neue Zeit unter der Redaktion Kautskys im Leitartikel versprach, sondern daß sie im eigenen Lande tiefe Wurzeln hatte und innerlich vollkommen reif war. Das Kriegsabenteuer des deutschen Imperialismus unter dem ideologischen Schilde der deutschen Sozialdemokratie hat die Revolution in Rußland nicht herbeigeführt, sondern nur für eine Zeitlang, anfänglich – nach ihrer ersten steigenden Sturmflut in den Jahren 1911-1913 – unterbrochen und dann – nach ihrem Ausbruch – ihr die schwierigsten, abnormalsten Bedingungen geschaffen.

Dieser Verlauf ist aber für jeden denkenden Beobachter auch ein schlagender Beweis gegen die doktrinäre Theorie, die Kautsky mit der Partei der Regierungssozialdemokraten teilt, wonach Rußland als wirtschaftlich zurückgebliebenes, vorwiegend agrarisches Land für die soziale Revolution und für eine Diktatur des Proletariats noch nicht reif wäre. Diese Theorie, die in Rußland nur eine *bürgerliche* Revolution für angängig hält – aus welcher Auffassung sich dann auch die Taktik der Koalition der Sozialisten in Rußland mit dem bürgerlichen Liberalismus ergibt –, ist zugleich diejenige des opportunistischen Flügels in der russischen Arbeiterbewegung, der sogenannten Menschewiki unter der bewährten Führung Axelrods und Dans. Beide: die russischen wie die deutschen Opportunisten treffen in dieser grundsätzlichen Auffassung der russischen Revolution, aus der sich die Stellungnahme zu den Detailfragen der Taktik von selbst ergibt, vollkommen mit den deutschen Regierungssozialisten zusammen: nach der Meinung aller drei hätte die russische Revolution bei jenem Stadium halt machen sollen, das sich die Kriegführung des deutschen Imperialismus nach der Mythologie der deutschen Sozialdemokratie zur edlen Aufgabe stellt: beim Sturz des Zarismus. Wenn sie darüber hinausgegangen ist, wenn sie die Diktatur des Proletariats zur Aufgabe gestellt hat, so ist das nach jener Doktrin ein einfacher Fehler des radikalen Flügels der russischen Arbeiterbewegung, der Bolschewiki, gewesen, und alle Unbilden, die der Revolution in ihrem weiteren Verlauf zugestoßen sind, alle Wirren, denen sie zum Opfer gefallen, stellen sich eben als ein Ergebnis dieses verhängnisvollen Fehlers dar. Theoretisch läuft diese Doktrin, die vom Stampferischen Vorwärts wie von Kautsky gleichermaßen als Frucht „marxistischen Denkens" empfohlen wird, auf die originelle „marxistische" Entdeckung hinaus, daß die sozialistische Umwälzung eine nationale, sozusagen häusliche Angelegenheit jedes modernen Staates für sich sei. In dem blauen Dunst des abstrakten Schemas weiß ein Kautsky natürlich sehr eingehend die weltwirtschaftlichen Verknüpfungen des Kapitals auszumalen, die aus allen modernen Ländern einen zusammenhängenden Organismus machen.

Rußlands Revolution – eine Frucht der *internationalen* Entwicklung und der Agrarfrage – ist aber unmöglich in den Schranken der bürgerlichen Gesellschaft zu lösen.

Praktisch hat diese Doktrin die Tendenz, die Verantwortlichkeit des internationalen, in erster Linie des deutschen Proletariats, für die Geschichte der russischen Revolution abzuwälzen, die internationalen Zusammenhänge dieser Revolution zu leugnen. Nicht Rußlands Unreife, sondern die Unreife des deutschen Proletariats zur Erfüllung der historischen Aufgaben hat der Verlauf des Krieges und der russischen Revolution erwiesen, und dies mit aller Deutlichkeit hervorzukehren ist die erste Aufgabe einer kritischen Betrachtung der russischen Revolution. Die Revolution Rußlands war in ihren Schicksalen völlig von den *internationalen* Ereignissen abhängig. Daß die Bolschewiki ihre Politik gänzlich auf die Weltrevolution des Proletariats stellten, ist gerade das glänzendste Zeugnis ihres politischen Weitblicks und ihrer grundsätzlichen Festigkeit, des kühnen Wurfs ihrer Politik. Darin ist der gewaltige Sprung sichtbar, den die kapitalistische Entwicklung in dem letzten Jahrzehnt gemacht hat. Die Revolution 1905-1907 fand nur ein schwaches Echo in Europa. Sie mußte deshalb ein Anfangskapitel bleiben. Fortsetzung und Lösung war an die europäische Entwicklung gebunden.

Es ist klar, daß nicht kritikloses Apologetentum, sondern nur eingehende nachdenkliche Kritik imstande ist, die Schätze an Erfahrungen und Lehren zu heben. Es wäre in der Tat eine wahnwitzige Vorstellung, daß bei dem ersten welthistorischen Experiment mit der Diktatur der Arbeiterklasse, und zwar unter den denkbar schwersten Bedingungen: mitten im Weltbrand und Chaos eines imperialistischen Völkermordens in der eisernen Schlinge der reaktionärsten Militärmacht Europas, unter völligem Versagen des internationalen Proletariats, daß bei einem Experiment der Arbeiterdiktatur unter so abnormen Bedingungen just alles, was in Rußland getan und gelassen wurde, der Gipfel der Vollkommenheit gewesen sei. Umgekehrt zwingen die elementaren Begriffe der sozialistischen Politik und die Einsicht in ihre notwendigen historischen Voraussetzungen zu der Annahme, daß unter so fatalen Bedingungen auch der riesenhafteste Idealismus und die sturmfeste revolutionäre Energie nicht Demokratie und nicht Sozialismus, sondern nur ohnmächtige, verzerrte Anläufe zu beiden zu verwirklichen imstande seien.

Sich dies in allen tiefgehenden Zusammenhängen und Wirkungen klar vor die Augen zu führen, ist geradezu elementare Pflicht der Sozialisten in allen Ländern; denn nur an einer solchen bitteren Erkenntnis ist die ganze Größe der eigenen Verantwortung des internationalen Proletariats für die Schicksale der russischen Revolution zu ermessen. Andererseits kommt nur auf diesem Wege die entscheidende Wichtigkeit des geschlossenen internationalen Vorgehens der proletarischen Revolution zur Geltung – als eine Grundbedingung, ohne die auch die größte Tüchtigkeit und die höchsten Opfer des Proletariats in einem einzelnen Lande sich unvermeidlich in ein Wirrsal von Widersprüchen und Fehlgriffen verwickeln müssen.

Es unterliegt auch keinem Zweifel, daß die klugen Köpfe an der Spitze der russischen Revolution, daß Lenin und Trotzki auf ihrem dornenvollen, von Schlingen aller Art umstellten Weg gar manchen entscheidenden Schritt nur unter größten inneren Zweifeln und mit dem heftigsten inneren Widerstreben taten und daß ihnen selber nichts ferner liegen kann, als all ihr unter dem bitteren Zwange und Drange in gärendem Strudel der Geschehnisse eingegebenes Tun und Lassen von der Internationale als erhabenes Muster der sozialistischen Politik hingenommen zu sehen, für das nur kritiklose Bewunderung und eifrige Nachahmung am Platze wäre.

Es wäre ebenso verfehlt, zu befürchten, eine kritische Sichtung der bisherigen Wege, die die russische Revolution gewandelt, sei eine gefährliche Untergrabung des Ansehens und des faszinierenden Beispiels der russischen Proletarier, das allein die fatale Trägheit der deutschen Massen überwinden könne. Nichts verkehrter als dies. Das Erwachen der revolutionären Tatkraft der Arbeiterklasse in Deutschland kann nimmermehr im Geiste der Bevormundungsmethoden der deutschen Sozialdemokratie seligen Angedenkens durch irgendeine fleckenlose Autorität, sei es die der eigenen „Instanzen" oder die des „russischen Beispiels", hervorgezaubert werden. Nicht durch Erzeugung einer revolutionären Hurrastimmung, sondern umgekehrt: nur durch Einsicht in den ganzen furchtbaren Ernst, die ganze Kompliziertheit der Aufgaben, aus politischer Reife und geistiger Selbständigkeit, aus kritischer Urteilsfähigkeit der Massen, die von der deutschen Sozialdemokratie unter verschiedensten Vorwänden jahrzehntelang systematisch ertötet wurde, kann die geschichtliche Aktionsfähigkeit des deutschen Proletariats geboren werden. Sich kritisch mit der russischen Revolution in allen historischen Zusammenhängen auseinanderzusetzen, ist die beste Schulung der deutschen wie der internationalen Arbeiter für die Aufgaben, die ihnen aus der gegenwärtigen Situation erwachsen.

II

Die erste Periode der russischen Revolution von deren Ausbruch im März bis zum Oktoberumsturz entspricht in ihrem allgemeinen Verlauf genau dem Entwicklungsschema sowohl der großen englischen wie der großen französischen Revolution. Er ist der typische Werdegang jeder ersten großen Generalauseinandersetzung der im Schoße der bürgerlichen Gesellschaft erzeugten revolutionären Kräfte mit den Fesseln der alten Gesellschaft.

Ihre Entfaltung bewegt sich naturgemäß auf aufsteigender Linie: von gemäßigten Anfängen zu immer größerer Radikalisierung der Ziele und parallel damit von der Koalition der Klassen und Parteien zur Alleinherrschaft der radikalen Partei.

Im ersten Moment im März 1917 standen an der Spitze der Revolution die „Kadetten", d. h. die liberale Bourgeoisie. Der allgemeine erste Hochgang der revolutionären Flut riß alle und alles mit: die vierte Duma, das reaktionärste Produkt des aus dem Staatsstreich hervorgegangenen Vierklassenwahlrechts, verwandelte sich plötzlich in ein Organ der Revolution. Sämtliche bürgerlichen Parteien, einschließlich der nationalistischen Rechten, bildeten plötzlich eine Phalanx gegen den Absolutismus. Dieser fiel auf den ersten Ansturm fast ohne Kampf, wie ein abgestorbenes Organ, das nur angerührt zu werden brauchte, um dahin zu fallen. Auch der kurze Veruch der liberalen Bourgeoisie, wenigstens die Dynastie und den Thron zu retten, zerschnellte in wenigen Stunden. Der reißende Fortgang der Entwicklung übersprang in Tagen und Stunden Strecken, zu denen Frankreich einst Jahrzehnte brauchte. Hier zeigte sich, daß Rußland die Resultate der europäischen Entwicklung eines Jahrhunderts realisierte und vor allem – daß die Revolution des Jahres 1917 eine direkte Fortsetzung der von 1905-1907, nicht ein Geschenk der deutschen „Befreier" war. Die Bewegung im März 1917 knüpfte unmittelbar dort an, wo sie vor zehn Jahren ihr Werk abgebrochen hatte. Die demokratische Republik war das fertige, innerlich reife Produkt gleich des ersten Ansturms der Revolution.

Jetzt begann aber die zweite, schwierige Aufgabe. Die treibende Kraft der Revolution war vom ersten Augenblick an die Masse des städtischen Proletariats. Seine Forderungen erschöpften sich aber nicht in der politischen Demokratie, sondern richteten sich auf die brennende Frage der internationalen Politik: sofortigen Frieden. Zugleich stürzte sich die Revolution auf die Masse des Heeres, das dieselbe Forderung nach sofortigem Frieden erhob, und auf die Masse des Bauerntums, das die Agrarfrage, diesen Drehpunkt der Revolution schon seit 1905, in den Vordergrund schob. Sofortiger Frieden und Land – mit diesen beiden Zielen war die innere Spaltung der revolutionären Phalanx gegeben. Die Forderung des sofortigen Friedens setzte sich in schärfsten Widerspruch mit der imperialistischen Tendenz der liberalen Bourgeoisie, deren Wortführer Miljukow war ; die Landfrage war das Schreckgespenst zunächst für den anderen Flügel der Bourgeoisie: für das Landjunkertum, sodann aber, als Attentat auf das heilige Privateigentum überhaupt, ein wunder Punkt für die gesamten bürgerlichen Klassen.

So begann am andern Tage nach dem ersten Siege der Revolution ein innerer Kampf in ihrm Schoße um die beiden Brennpunkte: Frieden und Landfrage. Die liberale Bourgeoisie begann eine Taktik der Verschleppung und der Ausflüchte. Die Arbeitermassen, die Armee, das Bauerntum drängten immer ungestümer. Es unterliegt keinem Zweifel, daß mit der Frage des Friedens und der Landfrage auch die Schicksale selbst der politischen Demokratie der Republik verknüpft waren. Die bürgerlichen Klassen, die, von der ersten Sturmwelle der Revolution überspült, sich bis zur republikanischen Staatsform hatten mit fortreißen lassen, begannen alsbald nach rückwärts Stützpunkte zu suchen und im Stillen die Konterrevolution zu organisieren. Der Kaledinsche Kosakenfeldzug gegen Petersburg hat dieser Tendenz deutlichen Ausdruck gegeben. Wäre dieser Vorstoß von Erfolg gekrönt gewesen, dann war nicht nur die Friedens- und die Agrarfrage, sondern auch das Schicksal der Demokratie, der Republik selbst besiegelt. Militärdiktatur mit einer Schreckensherrschaft gegen das Proletariat und dann Rückkehr zur Monarchie wären die unausbleibliche Folge gewesen .

Daran kann man das Utopische und im Kern Reaktionäre der Taktik ermessen, von der sich die russischen Sozialisten der Kautskyschen Richtung, die Menschewiki, leiten ließen.

Es ist geradezu erstaunlich, zu beobachten, wie dieser fleißige Mann in den vier Jahren des Weltkriegs durch seine unermüdliche Schreibarbeit ruhig und methodisch ein theoretisches Loch nach dem anderen in den Sozialismus reißt, eine Arbeit, aus der der Sozialismus wie ein Sieb ohne eine heile Stelle hervorgeht. Der kritiklose Gleichmut, mit dem seine Gefolgschaft dieser fleißigen Arbeit ihres offiziellen Theoretikers zusieht und seine immer neue Entdeckungen schluckt, ohne mit der Wimper zu zucken, findet nur ihre Analogie in dem Gleichmut, mit dem die Gefolgschaft der Scheidemann und Co. zusieht, wie diese letzteren den Sozialismus *praktisch* Schritt für Schritt durchlöchern. In der Tat ergänzen sich die beiden Arbeiten vollkommen, und Kautsky, der offizielle Tempelwächter des Marxismus, verrichtet seit Ausbruch des Krieges in Wirklichkeit nur theoretisch dasselbe, was die Scheidemänner praktisch: 1. die Internationale, ein Instrument des Friedens; 2. Abrüstung und Völkerbund, Nationalismus; endlich Demokratie, *nicht* Sozialismus.

In die Fiktion von dem bürgerlichen Charakter der russischen Revolution festgebissen – dieweil ja Rußland für die soziale Revolution noch nicht reif sei – klammerten sie sich verzweifelt an die Koalition mit den bürgerlichen Liberalen, d. h. an die gewaltsame Verbindung derjenigen Elemente, die, durch den natürlichen inneren Gang der revolutionären Entwicklung gespalten, in schärfsten Widerspruch zueinander geraten waren. Die Axelrod und Dan wollten um jeden Preis mit denjenigen Klassen und Parteien zusammenarbeiten, von denen der Revolution und ihrer ersten Errungenschaft, der Demokratie, die größten Gefahren drohten.

In dieser Situation gebührt denn der bolschewistischen Richtung das geschichtliche Verdienst, von Anfang an diejenige Taktik proklamiert und mit eiserner Konsequenz verfolgt zu haben, die allein die Demokratie retten und die Revolution vorwärts treiben konnte. Die ganze Macht ausschließlich in die Hände der Arbeiter- und Bauernmasse, in die Hände der Sowjets – dies war in der Tat der einzige Ausweg aus der Schwierigkeit, in die die Revolution geraten war, das war der Schwertstreich, womit der gordische Knoten durchhauen, die Revolution aus dem Engpaß hinausgeführt und vor ihr das freie Blachfeld einer ungehemmten weiteren Entfaltung geöffnet wurde.

Die Lenin-Partei war somit die einzige in Rußland, welche die wahren Interessen der Revolution in jener ersten Periode begriff, sie war ihr vorwärtstreibendes Element, als in diesem Sinne die einzige Partei, die wirklich sozialistische Politik treibt.

Dadurch erklärt sich auch, daß die Bolschewiki, im Beginn der Revolution eine von allen Seiten verfemte, verleumdete und gehetzte Minderheit, in kürzester Zeit an die Spitze der Revolution geführt wurden und alle wirklichen Volksmassen: das städtische Proletariat, die Armee, das Bauerntum, sowie die revolutionären Elemente der Demokratie, den linken Flügel der Sozialisten-Revolutionäre, unter ihrer Fahne sammeln konnten.

Die wirkliche Situation der russischen Revolution erschöpfte sich nach wenigen Monaten in der Alternative: Sieg der Konterrevolution oder Diktatur des Proletariats, Kaledin oder Lenin. Das war die objektive Lage, die sich in jeder Revolution sehr bald, nachdem der erste Rausch verflogen ist, ergibt und die sich in Rußland aus den konkreten brennenden Fragen nach dem Frieden und der Landfrage ergab, für die im Rahmen der „bürgerlichen" Revolution keine Lösung vorhanden war.

Die russische Revolution hat hier nur bestätigt die Grundlehre jeder großen Revolution, deren Lebensgesetz lautet: entweder muß sie sehr rasch und entschlossen vorwärtsstürmen, mit eiserner Hand alle Hindernisse niederwerfen und ihre Ziele immer weiter stecken, oder sie wird sehr bald hinter ihren schwächeren Ausgangspunkt zurückgeworfen und von der Konterrevolution erdrückt. Ein Stillstehen, ein Trippeln auf demselben Fleck, ein Selbstbescheiden mit dem ersten einmal erreichten Ziel gibt es in der Revolution nicht. Und wer diese hausbackenen Weisheiten aus den parlamentarischen Froschmäusekriegen auf die revolutionäre Taktik übertragen will, zeigt nur, daß ihm die Psychologie, das Lebensgesetz selbst der Revolution ebenso fremd wie alle historische Erfahrung ein Buch mit sieben Siegeln ist.

Der Verlauf der englischen Revolution seit ihrem Ausbruch 1642. Wie die Logik der Dinge dazu trieb, daß erst die schwächlichen Schwankungen der Presbyterianer, der zaudernde Krieg gegen die royalistische Armee, in dem die presbyterianischen Häupter einer entscheidenden Schlacht und einem Siege über Karl I. geflissentlich auswichen, es zur unabweisbaren Notwendigkeit machten, daß die Independenten sie aus dem Parlament vertrieben und die Gewalt an sich rissen. Und ebenso war es weiter innerhalb des Independenten-Heeres die untere kleinbürgerliche Masse der Soldaten, die Lilburnschen „Gleichmacher", die die Stoßkraft der ganzen Independentenbewegung bildeten, sowie endlich die proletarischen Elemente der Soldatenmasse, die in der Digger-Bewegung ihren Ausdruck fanden, ihrerseits den Sauerteig der demokratischen „Gleichmacher"-Partei darstellten.

Ohne die geistige Wirkung der revolutionären proletarischen Elemente auf die Soldatenmasse, ohne den Druck der demokratischen Soldatenmasse auf die bürgerliche Oberschicht der Independentenpartei wäre es weder zur „Reinigung" des Langen Parlamentes von den Presbyterianern noch zur siegreichen Beendigung des Krieges mit dem Heer der Kavaliere und mit den Schotten, noch zum Prozeß und zur Hinrichtung Karls I., noch zur Abschaffung der Lordskammer und zur Proklamierung der Republik gekommen.

Wie war es in der großen französischen Revolution? Die Machtergreifung der Jakobiner erwies sich hier nach vierjährigen Kämpfen als das einzige Mittel, die Errungenschaften der Revolution zu retten, die Republik zu verwirklichen, den Feudalismus zu zerschmettern, die revolutionäre Verteidigung nach innen wie nach außen zu organisieren, die Konspiration der Konterrevolution zu erdrücken, die revolutionäre Welle aus Frankreich über ganz Europa zu verbreiten.

Kautsky und seine russischen Gesinnungsgenossen, die der russischen Revolution ihren „bürgerlichen Charakter" der ersten Phase bewahrt wissen wollten, sind ein genaues Gegenstück zu jenen deutschen und englischen Liberalen des vorigen Jahrhunderts, die in der großen französischen Revolution die zwei Phasen unterschieden: die „gute" Revolution der ersten girondistischen Phase und die „schlechte" seit dem jakobinischen Umsturz. Die liberale Seichtheit der Geschichtsauffassung brauchte natürlich nicht zu begreifen, daß ohne den Umsturz der „maßlosen" Jakobiner auch die ersten zaghaften und halben Errungenschaften der ersten girondistischen Phase alsbald unter den Trümmern der Revolution begraben worden wären, daß die wirkliche Alternative zu der Jakobiner-Diktatur, wie sie der eherne Gang der geschichtlichen Entwicklung im Jahre 1793 stellte, nicht die „gemäßigte" Demokratie war, sondern – Restauration der Bourbonen! Der „goldene Mittelweg" läßt sich eben in keiner Revolution aufrechterhalten, ihr Naturgesetz fordert eine rasche Entscheidung: entweder wird die Lokomotive volldampf den geschichtlichen Anstieg bis zum äußersten Punkt vorangetrieben, oder sie rollt durch die eigene Schwerkraft wieder in die Ausgangsniederung zurück und reißt diejenigen, die sie auf halbem Wege mit ihren schwachen Kräften aufhalten wollten, rettungslos in den Abgrund mit.

Dadurch erklärt sich, daß in jeder Revolution nur diejenige Partei die Führung und die Macht an sich zu reißen vermag, die den Mut hat, die vorwärtstreibende Parole auszugeben und alle Konsequenzen daraus zu ziehen. Daraus erklärt sich die klägliche Rolle der russischen Menschewiki, der Dan, Zereteli u. a., die, anfänglich von ungeheurem Einfluß auf die Massen, nach längerem Hin- und Herpendeln, nachdem sie sich gegen die Übernahme der Macht und Verantwortung mit Händen und Füßen gesträubt hatten, ruhmlos von der Bühne weggefegt worden sind.

Die Lenin-Partei war die einzige, die das Gebot und die Pflicht einer wirklich revolutionären Partei begriff, die durch die Losung: alle Macht in die Hände des Proletariats und des Bauerntums, den Fortgang der Revolution gesichert hat.

Damit haben die Bolschewiki die berühmte Frage nach der „Mehrheit des Volkes" gelöst, die den deutschen Sozialdemokraten seit jeher wie ein Alp auf der Brust liegt. Als eingefleischte Zöglinge des parlamentarischen Kretinismus übertragen sie auf die Revolution einfach die hausbackene Weisheit der parlamentarischen Kinderstube: um etwas durchzusetzen, müsse man erst die Mehrheit haben. Also auch in der Revolution: zuerst werden wir eine „Mehrheit". Die wirkliche Dialektik der Revolutionen stellt aber diese parlamentarische Maulwurfsweisheit auf den Kopf: nicht durch Mehrheit zur revolutionären Taktik, sondern durch revolutionäre Taktik zur Mehrheit geht der Weg. Nur eine Partei, die zu führen, d. h. vorwärtszutreiben versteht, erwirbt sich im Sturm die Anhängerschaft. Die Entschlossenheit, mit der Lenin und Genossen im entscheidenden Moment die einzige vorwärtstreibende Losung ausgegeben haben: die ganze Macht in die Hände des Proletariats und der Bauern, hat sie fast über Nacht aus einer verfolgten, verleumdeten Minderheit, deren Führer sich wie Marat in den Kellern verstecken mußten, zur absoluten Herrin der Situation gemacht.

Die Bolschewiki haben auch sofort als Zweck dieser Machtergreifung das ganze und weitgehendste revolutionäre Programm aufgestellt: nicht etwa Sicherung der bürgerlichen Demokratie, sondern Diktatur des Proletariats zum Zwecke der Verwirklichung des Sozialismus. Sie haben sich damit das unvergängliche geschichtliche Verdienst erworben, zum erstenmal die Endziele des Sozialismus als unmittelbares Programm der praktischen Politik zu proklamieren.

Was eine Partei in geschichtlicher Stunde an Mut, Tatkraft, revolutionärem Weitblick und Konsequenz aufzubringen vermag, das haben Lenin, Trotzki und Genossen vollauf geleistet. Die ganze revolutionäre Ehre und Aktionsfähigkeit, die der Sozialdemokratie im Westen gebrach, war in den Bolschewiki vertreten. Ihr Oktober-Aufstand war nicht nur eine tatsächliche Rettung für die russische Revolution, sondern auch eine Ehrenrettung des internationalen Sozialismus.

Die Bolschewiki sind die historischen Erben der englischen Gleichmacher und der französischen Jakobiner. Aber die konkrete Aufgabe, die ihnen in der russischen Revolution nach der Machtergreifung zugefallen ist, war unvergleichlich schwieriger als diejenige ihrer geschichtlichen Vorgänger. Gewiß war die Losung der unmittelbaren sofortigen Ergreifung und Aufteilung des Grund und Bodens durch die Bauern die kürzeste, einfachste und lapidarste Formel, um zweierlei zu erreichen: den Großgrundbesitz zu zertrümmern und die Bauern sofort an die revolutionäre Regierung zu fesseln. Als politische Maßnahme zur Befestigung der proletarisch-sozialistischen Regierung war dies eine vorzügliche Taktik. Sie hatte aber leider ihre zwei Seiten, und die Kehrseite bestand darin, daß die unmittelbare Landergreifung durch die Bauern mit sozialistischer Wirtschaft meist gar nichts gemein hat.

Die sozialistische Umgestaltung der Wirtschaftsverhältnisse setzt in Bezug auf die Agrarverhältnisse zweierlei voraus. – Zunächst die Nationalisierung gerade des Großgrundbesitzes als der technisch fortschrittlichsten Konzentration der agrarischen Produktionsmittel und Methoden, die allein dem Ausgangspunkt, der sozialistischen Wirtschaftsweise auf dem Lande dienen kann. Wenn man natürlich dem Kleinbauern seine Parzelle nicht wegzunehmen braucht und es ihm ruhig anheimstellen kann, sich durch die Vorteile des gesellschaftlichen Betriebes freiwillig zuerst für den genossenschaftlichen Zusammenschluß und schließlich für die Einordnung in den sozialen Gesamtbetrieb gewinnen zu lassen, so muß jede sozialistische Wirtschaftsreform auf dem Lande selbstverständlich mit dem Groß- und Mittelgrundbesitz anfangen. Sie muß hier das Eigentumsrecht vor allem auf die Nation oder, was bei sozialistischer Regierung dasselbe ist, wenn man will, auf den Staat übertragen; denn nur dies gewährt die Möglichkeit, die landwirtschaftliche Produktion nach zusammenhängenden großen sozialistischen Gesichtspunkten zu organisieren.

Zweitens aber ist eine der Voraussetzungen dieser Umgestaltung, daß die Trennung der Landwirtschaft von der Industrie, dieser charakteristische Zug der bürgerlichen Gesellschaft, aufgehoben wird, um einer gegenseitigen Durchdringung und Verschmelzung beider, einer Ausgestaltung sowohl der Agrar- wie der Industrieproduktion nach einheitlichen Gesichtspunkten Platz zu machen. Wie im einzelnen die praktische Bewirtschaftung sein mag: ob durch städtische Gemeinden, wie die einen vorschlagen, oder vom staatlichen Zentrum aus – auf jeden Fall ist Voraussetzung eine einheitlich durchgeführte, vom Zentrum aus eingeleitete Reform und als ihre Voraussetzung Nationalisierung des Grund und Bodens. Nationalisierung des großen und mittleren Grundbesitzes, Vereinigung der Industrie und der Landwirtschaft, das sind zwei grundlegende Gesichtspunkte jeder sozialistischen Wirtschaftsreform, ohne die es keinen Sozialismus gibt.

Daß die Sowjet-Regierung in Rußland diese gewaltigen Reformen nicht durchgeführt hat – wer kann ihr das zum Vorwurf machen! Es wäre ein übler Spaß, von Lenin und Genossen zu verlangen oder zu erwarten, daß sie in der kurzen Zeit ihrer Herrschaft mitten im reißenden Strudel der inneren und äußeren Kämpfe, von zahllosen Feinden und Widerständen ringsum bedrängt, eine der schwierigsten, ja, wir können ruhig sagen: die schwierigste Aufgabe der sozialistischen Umwälzung lösen oder auch nur in Angriff nehmen sollten! Wir werden uns, einmal zur Macht gelangt, auch im Westen und unter den günstigsten Bedingungen an dieser harten Nuß manchen Zahn ausbrechen, ehe wir nur aus den gröbsten der tausend komplizierten Schwierigkeiten dieser Riesenaufgabe heraus sind!

Eine sozialistische Regierung, die zur Macht gelangt ist, muß auf jeden Fall eins tun: Maßnahmen ergreifen, die in der Richtung auf jene grundlegenden Voraussetzungen einer späteren sozialistischen Reform der Agrarverhältnisse liegen, sie muß zum mindesten alles vermeiden, was ihr den Weg zu jenen Maßnahmen verrammelt.

Die Parole nun, die von den Bolschewiki herausgegeben wurde: sofortige Besitzergreifung und Aufteilung des Grund und Bodens durch die Bauern, mußte geradezu nach der entgegengesetzten Richtung wirken. Sie ist nicht nur keine sozialistische Maßnahme, sondern sie schneidet den Weg zu einer solchen ab, sie türmt vor der Umgestaltung der Agrarverhältnisse im sozialistischen Sinne unüberwindliche Schwierigkeiten auf.

Die Besitzergreifung der Ländereien durch die Bauern auf die kurze und lapidare Parole Lenins und seiner Freunde hin: Geht und nehmet euch das Land! führte einfach zur plötzlichen chaotischen Überführung des Großgrundbesitzes in bäuerlichen Grundbesitz. Was geschaffen wurde, ist nicht gesellschaftliches Eigentum, sondern neues Privateigentum, und zwar Zerschlagung des großen Eigentums in mittleren und kleineren Besitz, des relativ fortgeschrittenen Großbetriebes in primitiven Kleinbetrieb, der technisch mit den Mitteln aus der Zeit der Pharaonen arbeitet. Nicht genug: durch diese Maßnahme und die chaotische, rein willkürliche Art ihrer Ausführung wurden die Eigentumsunterschiede auf dem Lande nicht beseitigt, sondern nur verschärft. Obwohl die Bolschewiki die Bauernschaft aufforderten, Bauernkomitees zu bilden, um die Besitzergreifung der adligen Ländereien irgendwie zu einer Kollektivaktion zu machen, so ist es klar, daß dieser allgemeine Rat an der wirklichen Praxis und den wirklichen Machtverhältnissen auf dem Lande nichts zu ändern vermochte. Ob mit oder ohne Komitees, sind die reichen Bauern und Wucherer, welche die Dorfbourgeoisie bildeten und in jedem russischen Dorf die tatsächliche lokale Macht in ihren Händen haben, sicher die Hauptnutznießer der Agrarrevolution geworden. Unbesehen kann jeder sich an den Fingern abzählen, daß im Ergebnis der Aufteilung des Landes die soziale und wirtschaftliche Ungleichheit im Schoße des Bauerntums nicht beseitigt, sondern nur gesteigert, die Klassengegensätze dort verschärft worden sind. Diese Machtverschiebung hat aber *zuungunsten* der proletarischen und sozialistischen Interessen stattgefunden.

Lenins Rede über notwendige Zentralisation in der Industrie, Nationalisierung der Banken, des Handels und der Industrie. Warum nicht des Grund und Bodens? Hier im Gegenteil, Dezentralisation und Privateigentum.

Lenins eigenes Agrarprogramm vor der Revolution war anders. Die Losung übernommen von den vielgeschmähten Sozialisten-Revolutionären oder richtiger: von der spontanen Bewegung der Bauernschaft.

Um sozialistische Grundsätze in die Agrarverhältnisse einzuführen, suchte die Sowjetregierung nunmehr aus Proletariern – meist städtischen, arbeitslosen Elementen – Agrarkommunen zu schaffen. Allein es läßt sich leicht im voraus erraten, daß die Ergebnisse dieser Anstrengungen, gemessen an dem ganzen Umfang der Agrarverhältnisse, nur verschwindend winzig bleiben mußten und für die Beurteilung der Frage gar nicht in Betracht fallen. (Nachdem man den Großgrundbesitz, den geeignetsten Ansatzpunkt für die sozialistische Wirtschaft, in Kleinbetrieb zerschlagen, sucht man jetzt aus kleinen Anfängen kommunistische Musterbetriebe aufzubauen.) Unter den gegebenen Verhältnissen beanspruchen diese Kommunen nur den Wert eines Experiments, nicht einer umfassenden sozialen Reform.

Früher stand einer sozialistischen Reform auf dem Lande allenfalls der Widerstand einer kleinen Kaste adeliger und kapitalistischer Großgrundbesitzer sowie eine kleine Minderheit der reichen Dorfbourgeoisie entgegen, deren Expropriation durch eine revolutionäre Volksmasse ein Kinderspiel ist. Jetzt, nach der „Besitzergreifung" steht als Feind jeder sozialistischen Vergesellschaftung der Landwirtschaft eine enorm angewachsene und starke Masse des besitzenden Bauerntums entgegen, daß sein neuerworbenes Eigentum gegen alle sozialistischen Attentate mit Zähnen und Nägeln verteidigen wird. Jetzt ist die Frage der künftigen Sozialisierung der Landwirtschaft, also der Produktion überhaupt in Rußland, zur Gegensatz- und Kampffrage zwischen dem städtischen Proletariat und der Bauernmasse geworden. Wie scharf der Gegensatz schon jetzt geworden ist, beweist der Boykott der Bauern den Städten gegenüber, denen sie die Lebensmittel vorenthalten, um damit Wuchergeschäfte zu machen, genau wie die preußischen Junker. Der französische Parzellenbauer war zum tapfersten Verteidiger der großen französischen Revolution geworden, die ihn mit dem konfiszierten Land der Emigranten ausgestattet hatte. Er trug als napoleonischer Soldat die Fahne Frankreichs zum Siege, durchquerte ganz Europa und zertrümmerte den Feudalismus in einem Lande nach dem anderen. Lenin und seine Freunde mochten eine ähnliche Wirkung von ihrer Agrarparole erwartet haben. Indes der russische Bauer hat, nachdem er vom Lande auf eigene Faust Besitz ergriffen, nicht im Traume daran gedacht, Rußland und die Revolution, der er das Land verdankte, zu verteidigen. Er verbiß sich in seinen neuen Besitz und überließ die Revolution ihren Feinden, den Staat dem Zerfall, die städtische Bevölkerung dem Hunger.

Die Leninsche Agrarreform hat dem Sozialismus auf dem Lande eine neue mächtige Volksschicht von Feinden geschaffen, deren Widerstand viel gefährlicher und zäher sein wird, als es derjenige der adligen Großgrundbesitzer war.

Daß sich die militärischen Niederlage in den Zusammenbruch und Zerfall Rußlands verwandelte, dafür haben die Bolschewiki einen Teil der Schuld. Diese objektiven Schwierigkeiten der Lage haben sich die Bolschewiki aber selbst in hohem Maße verschärft durch eine Parole, die sie in den Vordergrund ihrer Politik geschoben haben: das sogenannte Selbstbestimmungsrecht der Nationen oder, was unter dieser Phrase in Wirklichkeit steckte, den staatlichen Zerfall Rußlands. Die mit doktrinärer Hartnäckigkeit immer wieder proklamierte Formel von dem Recht der verschiedenen Nationalitäten des Russischen Reichs, ihre Schicksale selbständig zu bestimmen „bis einschließlich der staatlichen Lostrennung von Rußland", war ein besonderer Schlachtruf Lenins und Genossen während ihrer Opposition gegen den Miljukowschen wie den Kerenskischen Krieg, sie bildete die Achse ihrer inneren Politik nach dem Oktoberumschwung, und sie bildete die ganze Plattform der Bolschewiki in Brest-Litowsk, ihre einzige Waffe, die sie der Machtstellung des deutschen Imperialismus entgegenzustellen hatten.

Zunächst frappiert an der Hartnäckigkeit und starren Konsequenz, mit der Lenin und Genossen an dieser Parole festhielten, daß sie sowohl in krassem Widerspruch zu ihrem sonstigen ausgesprochenen Zentralismus der Politik wie auch zu der Haltung steht , die sie den sonstigen demokratischen Grundsätzen gegenüber eingenommen haben. Während sie gegenüber der konstituierenden Versammlung, dem allgemeinen Wahlrecht, der Presse- und Versammlungsfreiheit, kurz dem ganzen Apparat der demokratischen Grundfreiheiten der Volksmassen, die alle zusammen das „Selbstbestimmungsrecht" in Rußland selbst bildeten, eine sehr kühle Geringschätzung an den Tag legten, behandelten sie das Selbstbestimmungsrecht der Nationen als ein Kleinod der demokratischen Politik, dem zuliebe alle praktischen Gesichtspunkte der realen Kritik zu schweigen hätten. Während sie sich von der Volksabstimmung zur konstituierenden Versammlung in Rußland, einer Volksabstimmung auf Grund des demokratischsten Wahlrechts der Welt und in voller Freiheit einer Volksrepublik, nicht im geringsten hatten imponieren lassen und von sehr nüchternen, kritischen Erwägungen ihre Resultate einfach für null und nichtig erklärten, verfochten sie in Brest die „Volksabstimmung" der fremden Nationen Rußlands über ihre staatliche Zugehörigkeit als das wahre Palladium jeglicher Freiheit und Demokratie, unverfälschte Quintessenzen des Völkerwillens und als die höchste entscheidende Instanz in Fragen des politischen Schicksals der Nationen.

Der Widerspruch, der hier klafft, ist um so unverständlicher, als es sich bei den demokratischen Formen des politischen Lebens in jedem Lande, wie wir das noch weiter sehen werden, tatsächlich um höchst wertvolle, ja, unentbehrliche Grundlagen der sozialistischen Politik handelt, während das famose „Selbstbestimmungsrecht der Nationen" nichts als hohle kleinbürgerliche Phraseologie und Humbug ist.

In der Tat, was soll dieses Recht bedeuten? Es gehört zum Abc der sozialistischen Politik, daß sie wie jede Art Unterdrückung so auch die einer Nation durch die andere bekämpft.

Wenn trotz alledem sonst so nüchterne und kritische Politiker wie Lenin und Trotzki mit ihren Freunden, die für jede Art utopische Phraseologie wie Abrüstung, Völkerbund usw. nur ein ironisches Achselzucken haben, diesmal eine hohle Phrase von genau derselben Kategorie geradezu zu ihrem Steckenpferd machten, so geschah es, wie es uns scheint, aus einer Art Opportunitätspolitik. Lenin und Genossen rechneten offenbar darauf, daß es kein sicheres Mittel gäbe, die vielen fremden Nationalitäten im Schoße des russischen Reiches an die Sache der Revolution, an die Sache des sozialistischen Proletariats zu fesseln, als wenn man ihnen im Namen der Revolution und des Sozialismus die äußerste unbeschränkteste Freiheit gewährte, über ihre Schicksale zu verfügen. Es war dies eine Analogie zu der Politik der Bolschewiki den russischen Bauern gegenüber, deren Landhunger die Parole der direkten Besitzergreifung des adeligen Grund und Bodens befriedigt und die dadurch an die Fahne der Revolution und der proletarischen Regierung gefesselt werden sollten. In beiden Fällen ist die Berechnung leider gänzlich fehlgeschlagen. Während Lenin und Genossen offenbar erwarteten, daß sie als Verfechter der nationalen Freiheit, und zwar „bis zur staatlichen Absonderung", Finnland, die Ukraine, Polen, Litauen, die Baltenländer, die Kaukasier usw. zu ebenso vielen treuen Verbündeten der russischen Revolution machen würden, erlebten wir das umgekehrte Schauspiel: eine nach der anderen von diesen „Nationen" benutzte die frisch geschenkte Freiheit dazu, sich als Todfeindin der russischen Revolution gegen sie mit dem deutschen Imperialismus zu verbünden und unter seinem Schutze die Fahne der Konterrevolution nach Rußland selbst zu tragen. Das Zwischenspiel mit der Ukraine in Brest, das eine entscheidende Wendung jener Verhandlungen und der ganzen inner- und außenpolitischen Situationen der Bolschewiki herbeigeführt hatte, ist dafür ein Musterbeispiel. Das Verhalten Finnlands, Polens, Litauens, der Baltenländer, der Nationen des Kaukasus zeigt überzeugendsterweise, daß wir hier nicht etwa mit einer zufälligen Ausnahme, sondern mit einer typischen Entscheidung zu tun haben.

Freilich, es sind in allen diesen Fällen in Wirklichkeit nicht die „Nationen", die jene reaktionäre Politik betätigen, sondern nur die bürgerlichen und kleinbürgerlichen Klassen, die im schärfsten Gegensatz zu den eigenen proletarischen Massen das „nationale Selbstbestimmungsrecht" zu einem Werkzeug ihrer konterrevolutionären Klassenpolitik verkehrten. Aber – damit kommen wir gerade zum Knotenpunkt der Frage – darin liegt eben der utopisch-kleinbürgerliche Charakter dieser nationalistischen Phrase, daß sie in der rauhen Wirklichkeit der Klassengesellschaft, zumal in der Zeit aufs äußerste verschärfter Klassengegensätze, sich einfach in ein Mittel der bürgerlichen Klassenherrschaft verwandelt. Die Bolschewiki sollten zu ihrem und der Revolution größten Schaden darüber belehrt werden, daß es eben unter der Herrschaft des Kapitalismus keine Selbstbestimmung der Nation gibt, daß sich in einer Klassengesellschaft jede Klasse der Nation anders „selbstzubestimmen" strebt und daß für die bürgerlichen Klassen die Gesichtspunkte der nationalen Freiheit hinter denen der Klassenherrschaft völlig zurücktreten. Das finnische Bürgertum wie das ukrainische Kleinbürgertum waren darin vollkommen einig, die deutsche Gewaltherrschaft der nationalen Freiheit vorzuziehen, wenn diese mit den Gefahren des „Bolschewismus" verbunden werden sollte.

Die Hoffnung, diese realen Klassenverhältnisse etwa durch „Volksabstimmungen", um die sich alles in Brest drehte, in ihr Gegenteil umzukehren und im Vertrauen auf die revolutionäre Volksmasse ein Mehrheitsvotum für den Zusammenschluß mit der russischen Revolution zu erzielen, war, wenn sie von Lenin-Trotzki ernst gemeint war, ein unbegreiflicher Optimismus, und wenn sie nur ein taktischer Florettstoß im Duell mit der deutschen Gewaltpolitik sein sollte, ein gefährliches Spiel mit dem Feuer. Auch ohne die deutsche militärische Okkupation hätte die famose „Volksabstimmung", wäre es in den Randländern zu einer solchen gekommen, bei der geistigen Verfassung der Bauernmasse und großer Schichten noch indifferenter Proletarier, bei der reaktionären Tendenz des Kleinbürgertums und den tausend Mitteln der Beeinflussung der Abstimmung durch die Bourgeoisie, mit aller Wahrscheinlichkeit allenthalben ein Resultat ergeben, an dem die Bolschewiki wenig Freude erlebt hätten. Kann es doch in Sachen dieser Volksabstimmungen über die nationale Frage als unverbrüchliche Regel gelten, daß die herrschenden Klassen sie entweder, wo ihnen eine solche nicht in den Kram paßt, zu verhindern wissen oder, wo sie zustande käme, ihre Resultate durch all diese Mittel und Mittelchen zu beeinflussen wüßten, die es auch bewirken, daß wir auf dem Wege von Volksabstimmungen keinen Sozialismus einführen können.

Daß überhaupt die Frage der nationalen Bestrebungen und Sondertendenzen mitten in die revolutionären Kämpfe hineingeworfen, ja, durch den Brester Frieden in den Vordergrund geschoben und gar zum Schibboleth der sozialistischen und revolutionären Politik gestempelt wurde, hat die größte Verwirrung in die Reihen des Sozialismus getragen und die Position des Proletariats gerade in den Randländern erschüttert. In Finnland hatte das sozialistische Proletariat, solange es als ein Teil der geschlossenen revolutionären Phalanx Rußlands kämpfte, bereits eine beherrschende Machtstellung; es besaß die Mehrheit im Landtag, in der Armee, es hatte die Bourgeoisie völlig zur Ohnmacht herabgedrückt und war der Herr der Situation im Lande. Die russische Ukraine war zu Beginn des Jahrhunderts, als die Narreteien des „ukrainischen Nationalismus" mit den Karbowentzen und den „Universals" und das Steckenpferd Lenins von einer „selbständigen Ukraine" noch nicht erfunden waren, die Hochburg der russischen revolutionären Bewegung gewesen. Von dort aus, aus Rostow, aus Odessa, aus dem Donez-Gebiete flossen die ersten Lavaströme der Revolution (schon um das Jahr 1902-04) und entzündeten ganz Südrußland zu einem Flammenmeer, so den Ausbruch von 1905 vorbereitend; dasselbe wiederholte sich in der jetzigen Revolution, in der das südrussische Proletariat die Elitetruppen der proletarischen Phalanx stellte. Polen und die Baltenländer waren seit 1905 die mächtigsten und zuverlässigsten Herde der Revolution, in denen das sozialistische Proletariat eine hervorragende Rolle spielte.

Wie kommt es, daß in allen diesen Ländern plötzlich die Konterrevolution triumphiert? Die nationalistische Bewegung hat eben das Proletariat dadurch, daß sie es von Rußland losgerissen hat, gelähmt und der nationalen Bourgeoisie in den Randländern ausgeliefert. Statt gerade im Geiste der reinen internationalen Klassenpolitik, die sie sonst vertraten, die kompakteste Zusammenfassung der revolutionären Kräfte auf dem ganzen Gebiet des Reiches anzustreben, die Integrität des russischen Reiches als Revolutionsgebiet mit Zähnen und Nägeln zu verteidigen, die Zusammengehörigkeit und Unzertrennlichkeit der Proletarier aller Nationen im Bereiche der russischen Revolution als oberstes Gebot der Politik allen nationalistischen Sonderbestrebungen entgegenzustellen, haben die Bolschewiki durch die dröhnende nationalistische Phraseologie von dem „Selbstbestimmungsrecht bis zur staatlichen Lostrennung" gerade umgekehrt der Bourgeoisie in allen Randländern den erwünschtesten, glänzendsten Vorwand, geradezu das Banner für ihre konterrevolutionären Bestrebungen geliefert. Statt die Proletarier in den Randländern vor jeglichem Separatismus als vor rein bürgerlichem Fallstrick zu warnen und separatistische Bestrebungen mit eiserner Hand, derern Gebrauch in diesem Falle wahrhaft im Sinne und Geist der proletarischen Diktatur lag, im Keime zu ersticken, haben sie vielmehr die Massen in allen Randländern durch ihre Parole verwirrt und der Demagogie der bürgerlichen Klassen ausgeliefert. Sie haben durch diese Forderung des Nationalismus den Zerfall Rußlands selbst herbeigeführt, vorbereitet und so den eigenen Feinden das Messer in die Hand gedrückt, das sie der russischen Revolution ins Herz stoßen sollten.

Freilich, ohne die Hilfe des deutschen Imperialismus, ohne „die deutschen Gewehrkolben in deutschen Fäusten", wie die Neue Zeit Kautskys schrieb, wären die Lubinskys und die anderen Schufterles der Ukraine sowie die Erichs und Mannerheims in Finnland und die baltischen Barone mit den sozialistischen Proletariermassen ihrer Länder nimmermehr fertig geworden. Aber der nationale Separatismus war das trojanische Pferd, in dem die deutschen „Genossen" mit Bajonetten in den Fäusten in alle jene Länder eingezogen kamen. Die realen Klassengegensätze und die militärischen Machtverhältnisse haben die Intervention Deutschlands herbeigeführt. Aber die Bolschewiki haben die *Ideologie* geliefert, die diesen Feldzug der Konterrevolution maskiert hatte, sie haben die Position der Bourgeoisie gestärkt und die der Proletarier geschwächt. Der beste Beweis ist die Ukraine, die eine so fatale Rolle in den Geschicken der russischen Revolution spielen sollte. Der ukrainische Nationalismus war in Rußland ganz anders als etwa der tschechische, polnische oder finnische, nichts als eine einfache Schrulle, eine Fatzkerei von ein paar Dutzend kleinbürgerlichen Intelligenzlern, ohne die geringsten Wurzeln in den wirtschaftlichen, politischen oder geistigen Verhältnissen des Landes, ohne jegliche historische Tradition, da die Ukraine niemals eine Nation oder einen Staat gebildet hatte, ohne irgendeine nationale Kultur, außer den reaktionärromantischen Gedichten Schewtschenkos. Es ist förmlich, als wenn eines schönen Morgens die von der Wasserkante auf den Fritz Reuter hin eine neue plattdeutsche Nation und Staat gründen wollten. Und diese lächerliche Posse von ein paar Universitätsprofessoren und Studenten bauschten Lenin und Genossen durch ihre doktrinäre Agitation mit dem „Selbstbestimmungsrecht bis einschließlich usw." künstlich zu einem politischen Faktor auf. Sie verliehen der anfänglichen Posse eine Wichtigkeit, bis die

Posse zum blutigsten Ernst wurde: nämlich nicht zu einer ernsten nationalen Bewegung, für die es nach wie vor gar keine Wurzeln gibt, sondern zum Aushängeschild und zur Sammelfahne der Konterrevolution! Aus diesem Windei krochen in Brest die deutschen Bajonette.

Diese Phrasen haben in der Geschichte der Klassenkämpfe zu Zeiten eine sehr reale Bedeutung. Es ist das fatale Los des Sozialismus, daß er in diesem Weltkrieg dazu ausersehen war, ideologische Vorwände für die konterrevolutionäre Politik zu liefern. Die deutsche Sozialdemokratie beeilte sich beim Ausbruch des Krieges, den Raubzug des deutschen Imperialismus mit einem ideologischen Schild aus der Rumpelkammer des Marxismus zu schmücken, indem sie ihn für den von unseren Altmeistern herbeigesehnten Befreierfeldzug gegen den russischen Zarismus erklärte. Den Antipoden der Regierungssozialisten, den Bolschewiki, war es beschieden, mit der Phrase von der Selbstbestimmung der Nationen Wasser auf die Mühle der Konterrevolution zu liefern und damit eine Ideologie nicht nur für die Erdrosselung der russischen Revolution selbst, sondern für die geplante konterrevolutionäre Liquidierung des ganzen Weltkrieges zu liefern. Wir haben allen Grund, uns die Politik der Bolschewiki in dieser Hinsicht sehr gründlich anzusehen. Das „Selbstbestimmungsrecht der Nationen", verkoppelt mit dem Völkerbund und der Abrüstung von Wilsons Gnaden, bildet den Schlachtruf, dem sich die bevorstehende Auseinandersetzung des internationalen Sozialismus mit der bürgerlichen Welt abspielen wird. Es liegt klar zu Tage, daß die Phrase von der Selbstbestimmung und die ganze nationale Bewegung, die gegenwärtig die größte Gefahr für den internationalen Sozialismus bildet, gerade durch die russische Revolution und die Brester Verhandlungen eine außerordentliche Stärkung erfahren haben. Wir werden uns mit dieser Plattform noch eingehend zu befassen haben. Die tragischen Schicksale dieser Phraseologie in der russischen Revolution, in deren Stacheln sich die Bolschewiki verfangen und blutig ritzen sollten, muß dem internationalen Proletariat als warnendes Exempel dienen.

Nun folgte aus alledem die Diktatur Deutschlands. Vom Brester Frieden bis zum „Zusatzvertrag"! Die 200 Sühneopfer in Moskau. Aus dieser Lage ergab sich der Terror und die Erdrückung der Demokratie.

IV

Wir wollen dies an einigen Beispielen näher prüfen.

Eine hervorragende Rolle in der Politik der Bolschewiki spielte die bekannte Auflösung der konstituierenden Versammlung im November 1917. Diese Maßnahme war bestimmend für ihre weitere Postition, sie war gewissermaßen der Wendepunkt ihrer Taktik. Es ist eine Tatsache, daß Lenin und Genossen bis zu ihrem Oktobersiege die Einberufung der Konstitutionsversammlung stürmisch forderten, daß gerade die Verschleppungspolitik der Kerenski-Regierung in dieser Sache einen Anklagepunkt der Bolschewiki gegen jene Regierung bildete und ihnen zu heftigsten Ausfällen Anlaß gab. Ja, Trotzki sagt in seinem interessanten Schriftchen Von der Oktoberrevolution bis zum Brester Friedensvertrag, der Oktoberumschwung sein geradezu „eine Rettung für die Konstituante" gewesen, wie für die Revolution überhaupt. „Und als wir sagten", fährt er fort, „daß der Eingang zur konstituierenden Versammlung nicht über das Vorparlament Zeretelis, sondern über die Machtergreifung der Sowjets führe, waren wir vollkommen aufrichtig."

Und nun war nach diesen Ankündigungen der erste Schritt Lenins nach der Oktoberrevolution – die Auseinandertreibung derselben konstituierenden Versammlung, zu der sie den Eingang bilden sollte. Welche Gründe konnten für eine so verblüffende Wendung maßgebend sein? Trotzki äußert sich darüber in der erwähnten Schrift ausführlich, und wir wollen seine Argumente hierher setzen :

> Wenn die Monate, die der Oktoberrevolution vorangingen, eine Zeit der Linksverschiebung der Massen und des elementaren Zustroms der Arbeiter, Soldaten und Bauern zu den Bolschewiki waren, so drückte sich innerhalb der Partei der Sozialisten-Revolutionäre dieser Prozeß in der Verstärkung des linken Flügels auf Kosten des rechten aus. Aber immer noch dominierten in den Parteilisten der Sozialisten-Revolutionäre zu drei Vierteln die alten Namen des rechten Flügels...
>
> Dazu kam noch der Umstand, daß die Wahlen selbst im Laufe der ersten Wochen nach dem Oktoberumsturz stattfanden. Die Nachricht von der Veränderung, die stattgefunden habe, verbreitete sich verhältnismäßig langsam in konzentrischen Kreisen, von der Hauptstadt nach der Provinz und aus den Städten nach den Dörfern. Die Bauernmassen waren sich an vielen Orten recht wenig klar über das, was in Petrograd und Moskau vorging. Sie stimmten für „Land und Freiheit" und stimmten für ihre Vertreter in den Nationalkomitees, die meistens unter dem Banner der „Narodniki" standen. Damit aber stimmten sie für Kerenski und Awxentjew, die dieses Landkomitee auflösten und verhaften ließen ...Dieser Sachverhalt gibt eine klare Vorstellung, in welchem Maße die Konstituante hinter der Entwicklung des politischen Kampfes und den Parteigruppierungen zurückgeblieben war.

Das alles ist ganz ausgezeichnet und sehr überzeugend. Nur muß man sich wundern, daß so kluge Leute wie Lenin und Trotzki nicht auf die nächstliegende Schlußfolgerung geraten sind, die sich aus den obigen Tatsachen ergab. Da die konstituierende Versammlung lange vor dem entscheidenden Wendepunkt, dem Oktoberumschwung, gewählt und in ihrer Zusammensetzung das Bild der überholten Vergangenheit, nicht der neuen Sachlage spiegelte, so ergab sich von selbst der Schluß, daß sie eben die verjährte, also totgeborene konstituierende Versammlung kassierten und ungesäumt Neuwahlen zu einer neuen Konstituante ausschrieben! Sie wollten und durften die Geschicke der Revolution nicht einer Versammlung anvertrauen, die das gestrige Kerenskische Rußland, die Periode der Schwankungen und der Koalition mit der Bourgeoisie spiegelte. Wohlan, es blieb nur übrig, sofort an ihre Stelle eine aus dem erneuerten, weitergegangenen Rußland hervorgegangene Versammlung einzuberufen.

Statt dessen schließt Trotzki aus der speziellen Unzulänglichkeit der im Oktober zusammengetretenen konstituierenden Versammlung, ja er verallgemeinert sie zu der Untauglichkeit jeder aus dem allgemeinen Volkswahlen hervorgegangenen Volksvertretung während der Revolution überhaupt.

> Dank dem offenen und unmittelbaren Kampf um die Regierungsgewalt häufen die arbeitenden Massen in kürzester Zeit eine Menge politischer Erfahrung an und steigen in ihrer Entwicklung schnell von einer Stufe auf die andere. Der schwerfällige Mechanismus der demokratischen Institutionen kommt dieser Entwicklung um so weniger nach, je größer das Land und je unvollkommener sein technischer Apparat ist. (Trotzki, S. 93)

Hier haben wir schon den „Mechanismus der demokratischen Institution überhaupt". Demgegenüber ist zunächst hervorzuheben, daß in dieser Einschätzung der Vertreterinstitutionen eine etwas schematische, steife Auffassung zum Ausdruck kommt, der die historische Erfahrung gerade aller revolutionären Epochen nachdrücklich widerspricht. Nach Trotzkis Theorie widerspiegelt jede gewählte Versammlung ein für allemal nur die geistige Verfassung, politische Reife und Stimmung ihrer Wählerschaft just in dem Moment, wo sie zur Wahlurne schritt. Die demokratische Körperschaft ist demnach stets das Spiegelbild der Masse vom Wahltermin, gleichsam wie der Herschelsche Sternhimmel uns stets die Weltkörper nicht wie sie sind zeigt, da wir auf sie blicken, sondern wie sie im Moment der Versendung ihrer Lichtboten aus unermeßlicher Weite zur Erde waren. Jeder lebendige geistige Zusammenhang zwischen den einmal Gewählten und der Wählerschaft, jede dauernde Wechselwirkung zwischen beiden wird hier geleugnet.

Wie sehr widerspricht dem alle geschichtliche Erfahrung! Diese zeigt uns umgekehrt, daß das lebendige Fluidum der Volksstimmung beständig die Vertretungskörperschaften umspült, in sie eindringt, sie lenkt. Wie wäre es sonst möglich, daß wir in jedem bürgerlichen Parlament zu Zeiten die ergötzlichsten Kapriolen der „Volksvertreter" erleben, die, plötzlich von einem neuen „Geist" belebt, ganz unerwartete Töne hervorbringen, daß die vertrocknetsten Mumien sich zu Zeiten jugendlich gebärden und die verschiedenen Scheidemännchen auf einmal in ihrer Brust revolutionäre Töne finden – wenn es in den Fabriken, Werkstätten und auf der Straße rumort?

Und diese ständige lebendige Einwirkung der Stimmung und der politischen Reife der Massen auf die gewählten Körperschaften sollte gerade in einer Revolution vor dem starren Schema der Parteischilder und Wahllisten versagen? Gerade umgekehrt! Gerade die Revolution schafft durch ihre Gluthitze jene dünne, vibrierende, empfängliche politische Luft, in der die Wellen der Volksstimmung, der Pulsschlag des Volkslebens augenblicklich in wunderbarster Weise auf die Vertretungskörperschaften einwirken. Gerade darauf beruhen ja immer die bekannten effektvollen Szenen aus dem Anfangsstadium aller Revolutionen, wo alte reaktionäre oder höchst gemäßigte unter altem Regime aus beschränktem Wahlrecht gewählte Parlamente plötzlich zu heroischen Wortführern des Umsturzes, zu Stürmern und Drängern werden. Das klassische Beispiel bietet ja das berühmte „Lange Parlament" in England, das, 1642 gewählt und zusammengetreten, sieben Jahre lang auf dem Posten blieb und in seinem Innern alle Wechsel-Verschiebungen der Volksstimmung, der politischen Reife, der Klassenspaltung, des Fortgangs der Revolution bis zu ihrem Höhepunkt, von der anfänglich devoten Plänkelei mit der Krone unter einem auf Knien liegenden „Sprecher" bis zur Abschaffung des Hauses der Lords, Hinrichtung Karls und Proklamierung der Republik widerspiegelt .

Und hat sich nicht dieselbe wunderbare Wandlung in den Generalständen Frankreichs, im Zensusparlament Louis Philipps, ja – das letzte frappanteste Beispiel liegt Trotzki so nahe – in der vierten russischen Duma wiederholt, die im Jahre des Heils 1912, unter der starrsten Herrschaft der Konterrevolution gewählt, im Februar 1917 plötzlich den Johannistrieb des Umsturzes verspürte und zum Ausgangspunkt der Revolution ward?

Das alles zeigt, daß „der schwerfällige Mechanismus der demokratischen..." ein kräftiges Korrektiv hat – eben in der lebendigen Bewegung der Masse, in ihrem unausgesetzten Druck. Und je demokratischer die Institution, je lebendiger und kräftiger der Pulsschlag des politischen Lebens der Masse ist, um so unmittelbarer und genauer ist die Wirkung – trotz starrer Parteischilder, veralteter Wahllisten etc. Gewiß, jede demokratische Institution hat ihre Schranken und Mängel, was sie wohl mit sämtlichen menschlichen Institutionen teilt. Nur ist das Heilmittel, das Trotzki und Lenin gefunden: die Beseitigung der Demokratie überhaupt, noch schlimmer als das Übel, dem es steuern soll: es verschüttet nämlich den lebendigen Quell selbst, aus dem heraus alle angeborenen Unzulänglichkeiten der sozialen Institutionen allein korrigiert werden können. Das aktive, ungehemmte, energische politische Leben der breitesten Volksmassen.

Nehmen wir ein anderes frappantes Beispiel: das von der Sowjetregierung ausgearbeitete Wahlrecht. Es ist nicht ganz klar, welche praktische Bedeutung diesem Wahlrecht beigemessen ist. Aus der Kritik Trotzkis und Lenins an den demokratischen Institutionen geht hervor, daß sie Volksvertretungen aus allgemeinen Wahlen grundsätzlich ablehnen und sich nur auf die Sowjets stützen wollen. Weshalb dann überhaupt ein allgemeines Wahlrecht ausgearbeitet wurde, ist eigentlich nicht ersichtlich. Es ist uns auch nicht bekannt, daß dieses Wahlrecht irgendwie ins Leben eingeführt worden wäre; von Wahlen zu einer Art Volksvertretung auf seiner Grundlage hat man nichts gehört. Wahrscheinlicher ist die Annahme, daß es nur ein theoretisches Produkt sozusagen vom grünen Tisch aus geblieben ist; aber so wie es ist, bildet es ein sehr merkwürdiges Produkt der bolschewistischen Diktaturtheorie. Jedes Wahlrecht, wie überhaupt jedes politische Recht, ist nicht nach irgendwelchen abstrakten Schemen der „Gerechtigkeit" und ähnlicher bürgerlich demokratischer Phraseologie zu messen, sondern an den sozialen und wirtschaftlichen Verhältnissen, auf die es zugeschnitten ist. Das von der Sowjetregierung ausgearbeitete Wahlrecht ist eben auf die Übergangsperiode von der bürgerlich-kapitalistischen zur sozialistischen Gesellschaftsform berechnet, auf die Periode der proletarischen Diktatur. Im Sinne der Auslegung von dieser Diktatur, die Lenin-Trotzki vertreten, wird das Wahlrecht nur denjenigen verliehen, die von eigener Arbeit leben, und allen anderen verweigert.

Nun ist es klar, daß ein solches Wahlrecht nur in einer Gesellschaft Sinn hat, die auch wirtschaftlich in der Lage ist, allen, die arbeiten wollen, ein auskömmliches, kulturwürdiges Leben von eigener Arbeit zu ermöglichen. Trifft das auf das jetzige Rußland zu? Bei den ungeheuren Schwierigkeiten, mit denen das vom Weltmarkt abgesperrte, von seinen wichtigsten Rohstoffquellen abgeschnürte Sowjetrußland zu ringen hat, bei der allgemeinen, furchtbaren Zerrüttung des Wirtschaftslebens, bei dem schroffen Umsturz der Produktionsverhältnisse infolge der Umwälzungen der Eigentumsverhältnisse in der Landwirtschaft wie in der Industrie und im Handel liegt es auf der Hand, daß ungezählte Existenzen ganz plötzlich entwurzelt, aus ihrer Bahn herausgeschleudert werden, ohne jede objektive Möglichkeit, in dem wirtschaftlichen Mechanismus irgendeine Verwendung für ihre Arbeitskraft zu finden. Das bezieht sich nicht bloß auf die Kapitalisten- und Grundbesitzerklasse, sondern auch auf die breite Schicht des Mittelstandes und auf die Arbeiterklasse selbst. Ist es doch Tatsache, daß das Zusammenschrumpfen der Industrie ein massenhaftes Abfluten des städtischen Proletariats aufs platte Land hervorgerufen hat, das in der Landwirtschaft Unterkunft sucht. Unter solchen Umständen ist ein politisches Wahlrecht, das den allgemeinen Arbeitszwang zur wirtschaftlichen Voraussetzung hat, eine ganz unbegreifliche Maßregel. Der Tendenz nach soll es die Ausbeuter allein politisch rechtlos machen. Und während produktive Arbeitskräfte massenhaft entwurzelt werden, sieht sich die Sowjetregierung umgekehrt vielfach gezwungen, die nationale Industrie den früheren kapitalistischen Eigentümern sozusagen in Pacht zu überlassen. Desgleichen sah sich im April 1918 die Sowjetregierung gezwungen, auch mit den bürgerlichen Konsumgenossenschaften ein Kompromiß zu schließen. Ferner hat sich die Benutzung von bürgerlichen Fachleuten als unumgänglich erwiesen . Eine andere Folge derselben Richtung ist, daß wachsende Schichten des Proletariats als Rotgardisten etc. vom Staate aus öffentlichen Mitteln erhalten werden. In Wirklichkeit macht es rechtlos breite und wachsende Schichten des Kleinbürgertums und des Proletariats, für die der wirtschaftliche Organismus keinerlei Mittel zur Ausübung des Arbeitszwanges vorsieht.

Das ist eine Ungereimtheit, die das Wahlrecht als ein utopisches, von der sozialen Wirklichkeit losgelöstes Phantasieprodukt qualifiziert. Und gerade deshalb ist es kein ernsthaftes Werkzeug der proletarischen Diktatur.

Als der ganze Mittelstand, die bürgerliche und kleinbürgerliche Intelligenz nach der Oktoberrevolution die Sowjetregierung monatelang boykottierten, den Eisenbahn-, Post- und Telegraphenverkehr, den Schulbetrieb, den Verwaltungsapparat lahmlegten und sich auf diese Weise gegen die Arbeiterregierung auflehnten, da waren selbstverständlich alle Maßregeln des Druckes gegen sie: durch Entziehung politischer Rechte, wirtschaftlicher Existenzmittel etc. geboten, um den Widerstand mit eiserner Faust zu brechen. Da kam eben die sozialistische Diktatur zum Ausdruck, die vor keinem Machtaufgebot zurückschrecken darf, um bestimmte Maßnahmen im Interesse des Ganzen zu erzwingen oder zu verhindern. Hingegen ein Wahlrecht, das eine allgemeine Entrechtung ganz breiter Schichten der Gesellschaft ausspricht, das sie politisch außerhalb des Rahmens der Gesellschaft stellt, während es für sie wirtschaftlich innerhalb dieses Rahmens selbst keine Platz zu schaffen imstande ist, eine Entrechtung nicht als konkrete Maßnahme zu einem konkreten Zweck, sondern als allgemeine Regel von dauernder Wirkung, das ist nicht eine Notwendigkeit der Diktatur, sondern eine lebensunfähige Improvisation.

Doch mit der konstituierenden Versammlung und dem Wahlrecht ist die Frage nicht erschöpft: Es kam nicht nur Abschaffung der wichtigsten demokratischen Garantien eines gesunden öffentlichen Lebens und der politischen Aktivität der arbeitenden Massen in Betracht: der Pressefreiheit, des Vereins- und Versammlungsrechts, ohne die alle Gegner der Sowjetregierung vogelfrei geworden sind. Für diese Eingriffe reicht die obige Argumentation Trotzkis über die Schwerfälligkeit der demokratischen Wahlkörper nicht entfernt aus. Hingegen ist es eine offenkundige, unbestreitbare Tatsache, daß ohne freie, ungehemmte Presse, ohne ungehindertes Vereins- und Versammlungsleben gerade die Herrschaft breiter Volksmassen völlig undenkbar ist.

Lenin sagt: der bürgerliche Staat sei ein Werkzeug zur Unterdrückung der Arbeiterklasse, der sozialistische zur Unterdrückung der Bourgeoisie. Es sei bloß gewissermaßen der auf den Kopf gestellte kapitalistische Staat. Diese vereinfachte Auffassung sieht von dem Wesentlichsten ab: die bürgerliche Klassenherrschaft braucht keine politische Schulung und Erziehung der ganzen Volksmasse, wenigstens nicht über gewisse enggezogene Grenzen hinaus. Für die proletarische Diktatur ist sie das Lebenselement, die Luft, ohne die sie nicht zu existieren vermag.

„Dank dem offenen und unmittelbaren Kampf um die Regierungsgewalt...“ Hier widerlegt Trotzki sich selbst und seine eigenen Parteifreunde. Eben weil dies zutrifft, haben sie durch Erdrückung des öffentlichen Lebens die Quelle der politischen Erfahrung und das Steigen der Entwicklung verstopft. Oder aber müßte man annehmen, daß die Erfahrung und Entwicklung bis zur Machtergreifung der Bolschewiki nötig war, den höchsten Grad erreicht hatte und von nun an überflüssig wurde. (Rede Lenins: Rußland ist überzeugt für den Sozialismus!!!)

In Wirklichkeit umgekehrt! Gerade die riesigen Aufgaben, an die die Bolschewiki mit Mut und Entschlossenheit herantraten, erforderten die intensivste politische Schulung der Massen und Sammlung der Erfahrung.

Die stillschweigende Voraussetzung der Diktaturtheorie im Lenin-Trotzkischen Sinn ist, daß die sozialistische Umwälzung eine Sache sei, für die ein fertiges Rezept in der Tasche der Revolutionspartei liege, dies dann nur mit Energie verwirklicht zu werden brauche. Dem ist leider – oder je nachdem: zum Glück – nicht so. Weit entfernt, eine Summe fertiger Vorschriften zu sein, die man nur anzuwenden hätte, ist die praktische Verwirklichung des Sozialismus als eines wirtschaftlichen, sozialen und rechtlichen Systems eine Sache, die völlig im Nebel der Zukunft liegt. Was wir in unserem Programm besitzen, sind nur wenige große Wegweiser, die die Richtung anzeigen, in der die Maßnahmen gesucht werden müssen, dazu vorwiegend negativen Charakters. Wir wissen so ungefähr, was wir zu allererst zu beseitigen haben, um der sozialistischen Wirtschaft die Bahn frei zu machen, welcher Art hingegen die tausend konkreten praktischen großen und kleinen Maßnahmen sind, um die sozialistischen Grundzüge in die Wirtschaft, in das Recht, in alle gesellschaftlichen Beziehungen einzuführen, darüber gibt kein sozialistisches Parteiprogramm und kein sozialistisches Lehrbuch Aufschluß. Das ist kein Mangel, sondern gerade der Vorzug des wissenschaftlichen Sozialismus vor dem utopischen. Das sozialistische Gesellschaftssystem soll und kann nur ein geschichtliches Produkt sein, geboren aus der eigenen Schule der Erfahrung, in der Stunde der Erfüllung, aus dem Werden der lebendigen Geschichte, die genau wie die organische Natur, deren Teil sie letzten Endes ist, die schöne Gepflogenheit hat, zusammen mit einem wirklichen gesellschaftlichen Bedürfnis stets auch die Mittel zu seiner Befriedigung, mit der Aufgabe zugleich die Lösung hervorzubringen. Ist dem aber so, dann ist es klar, daß der Sozialismus sich seiner *Natur* nach nicht oktroyieren läßt, durch Ukase einführen. Er hat zur Voraussetzung eine Reihe Gewaltmaßnahmen – gegen Eigentum usw. Das Negative, den Abbau kann man dekretieren, den Aufbau, das Positive *nicht*. Neuland. Tausend Probleme. Nur Erfahrung ist imstande, zu korrigieren und neue Wege zu eröffnen. Nur ungehemmt schäumendes Leben verfällt auf tausend neue Formen, Improvisationen, erhält *schöpferische Kraft,* korrigiert selbst alle Fehlgriffe. Das öffentliche Leben der Staaten mit beschränkter Freiheit ist eben deshalb so dürftig, so armselig, so schematisch, so unfruchtbar, weil es sich durch Ausschließung der Demokratie die lebendigen Quellen allen geistigen Reichtums und Fortschritts absperrt. (Beweis: die Jahre 1905 und die Monate Februar bis Oktober 1917.) Wie dort politisch, so auch ökonomisch und sozial. Die ganze Volksmasse muß daran teilnehmen. Sonst wird der Sozialismus vom grünen Tisch eines Dutzends Intellektueller dekretiert, oktroyiert.

Unbedingt öffentliche Kontrolle notwendig. Sonst bleibt der Austausch der Erfahrungen nur in dem geschlossenen Kreis der Beamten der neuen Regierung. Korruption unvermeidlich. (Lenins Worte, Mitteilungsblatt Nr. 36) Die Praxis des Sozialismus erfordert eine ganze geistige Umwälzung in den durch Jahrhunderte der bürgerlichen Klassenherrschaft degradierten Massen. Soziale Instinkte anstelle egoistischer, Masseninitiative anstelle der Trägheit, Idealismus, der über alle Leiden hinweg trägt usw. usw. Niemand weiß das besser, schildert das eindringlicher, wiederholt das hartnäckiger als Lenin. Nur vergreift er sich völlig im Mittel. Dekret, diktatorische Gewalt der Fabrikaufseher, drakonische Strafen, Schreckensherrschaft, das sind alles Palliative. Der einzige Weg zur Wiedergeburt ist die Schule des öffentlichen Lebens selbst, uneingeschränkteste breiteste Demokratie, öffentliche *Meinung*. Gerade die Schreckensherrschaft demoralisiert.

Fällt das alles weg, was bleibt in Wirklichkeit? Lenin und Trotzki haben an Stelle der aus allgemeinen Volkswahlen hervorgegangenen Vertretungskörperschaften die Sowjets als die einzige wahre Vertretung der arbeitenden Massen hingestellt. Aber mit dem Erdrücken des politischen Lebens im ganzen Lande muß auch das Leben in den Sowjets immer mehr erlahmen. Ohne allgemeine Wahlen, ungehemmte Presse- und Versammlungsfreiheit, freien Meinungskampf erstirbt das Leben in jeder der öffentlichen Institution, wird zum Scheinleben, in der die Bürokratie allein das tätige Element bleibt. Das öffentliche Leben schläft allmählich ein, einige Dutzend Parteiführer von unerschöpflicher Energie und grenzenlosem Idealismus dirigieren und regieren, unter ihnen leitet in Wirklichkeit ein Dutzend hervorragender Köpfe, und eine Elite der Arbeiterschaft wird von Zeit zu Zeit zu Versammlungen aufgeboten, um den Reden der Führer Beifall zu klatschen, vorgelegten Resolutionen einstimmig zuzustimmen, im Grunde also eine Cliquenwirtschaft – eine Diktatur allerdings, aber nicht die Diktatur des Proletariats, sondern die Diktatur einer Handvoll Politiker, d. h. Diktatur im bürgerlichen Sinne, im Sinne der Jakobiner-Herrschaft (das Verschieben der Sowjet-Kongresse von drei Monaten auf sechs Monate!). Ja noch weiter: solche Zustände müssen eine Verwilderung des öffentlichen Lebens zeitigen: Attentate, Geiselerschießungen usw. Das ist ein übermächtiges objektives Gesetz, dem sich keine Partei zu entziehen vermag.

Der Grundfehler der Lenin-Trotzkischen Theorie ist eben der, daß sie die Diktatur, genau wie Kautsky, der Demokratie entgegenstellen. „Diktatur *oder* Demokratie“ heißt die Fragestellung sowohl bei den Bolschewiki wie bei Kautsky. Dieser entscheidet sich natürlich für die Demokratie, und zwar für die *bürgerliche* Demokratie, da er sie eben als die Alternative der sozialistischen Umwälzung hinstellt. Lenin-Trotzki entscheiden sich umgekehrt für die Diktatur im Gegensatz zur Demokratie und damit für die Diktatur einer Handvoll Personen, d. h. für *bürgerliche* Diktatur. Es sind zwei Gegenpole, beide gleich weit entfernt von der wirklichen sozialistischen Politik. Das Proletariat kann, wenn es die Macht ergreift, nimmermehr nach dem guten Rat Kautskys unter dem Vorwand der „Unreife des Landes“ auf die sozialistische Umwälzung verzichten und sich nur der Demokratie widmen, ohne an sich selbst, an der

Internationale, an der Revolution Verrat zu üben. Es soll und muß eben sofort sozialistische Maßnahmen in energischster, unnachgiebigster, rücksichtslosester Weise in Angriff nehmen, also Diktatur ausüben, aber Diktatur der *Klasse,* nicht einer Partei oder Clique, Diktatur der Klasse, d. h. in breitester Öffentlichkeit, unter tätigster ungehemmter Teilnahme der Volksmassen, in unbeschränkter Demokratie. „Als Marxisten sind wir nie Götzendiener der formalen Demokratie gewesen", schreibt Trotzki. Gewiß, wir sind nie Götzendiener der formalen Demokratie gewesen. Wir sind auch nie Götzendiener des Sozialismus oder des Marxismus gewesen. Folgt etwa daraus, daß wir auch den Sozialismus, den Marxismus, wenn er uns unbequem wird, à la Cunow-Lensch-Parvus, in die Rumpelkammer werfen dürfen? Trotzki und Lenin sind die lebendige Verneinung dieser Frage. Wir sind nie Götzendiener der formalen Demokratie gewesen, das heißt nur: Wir unterscheiden stets den sozialen Kern von der politischen Form der *bürgerlichen* Demokratie, wir enthüllten stets den herben Kern der sozialen Ungleichheit und Unfreiheit unter der süßen Schale der formalen Gleichheit und Freiheit – nicht um diese zu verwerfen, sondern um die Arbeiterklasse dazu anzustacheln, sich nicht mit der Schale zu begnügen, vielmehr die politische Macht zu erobern, um sie mit neuem sozialen Inhalt zu füllen. Es ist die historische Aufgabe des Proletariats, wenn es zur Macht gelangt, an Stelle der bürgerlichen Demokratie sozialistische Demokratie zu schaffen, nicht jegliche Demokratie abzuschaffen. Sozialistische Demokratie beginnt aber nicht erst im gelobten Lande, wenn der Unterbau der sozialistischen Wirtschaft geschaffen ist, als fertiges Weihnachtsgeschenk für das brave Volk, das inzwischen treu die Handvoll sozialistischer Diktatoren unterstützt hat. Sozialistische Demokratie beginnt zugleich mit dem Abbau der Klassenherrschaft und dem Aufbau des Sozialismus. Sie beginnt mit dem Moment der Machteroberung durch die sozialistische Partei. Sie ist nichts anderes als die Diktatur des Proletariats.

Jawohl: Diktatur! Aber diese Diktatur besteht in der Art der *Verwendung* der Demokratie, nicht in ihrer Abschaffung, in energischen, entschlossenen Eingriffen in die wohlerworbenen Rechte und wirtschaftlichen Verhältnisse der bürgerlichen Gesellschaft, ohne welche sich die sozialistische Umwälzung nicht verwirklichen läßt. Aber diese Diktatur muß das Werk der *Klasse,* und nicht einer kleinen, führenden Minderheit im Namen der Klasse sein, d. h. sie muß auf Schritt und Tritt aus der aktiven Teilnahme der Massen hervorgehen, unter ihrer unmittelbaren Beeinflussung stehen, der Kontrolle der gesamten Öffentlichkeit unterstehen, aus der wachsenden politischen Schulung der Volksmassen hervorgehen.

Genauso würden auch bisher die Bolschewiki vorgehen, wenn sie nicht unter dem furchtbaren Zwang des Weltkriegs, der deutschen Okkupation und aller damit verbundenen abnormen Schwierigkeiten litten, die jede von den besten Absichten und den schönsten Grundsätzen erfüllte sozialistische Politik verzerren müssen.

Ein krasses Argument dazu bildet die so reichliche Anwendung des Terrors durch die Räteregierung, und zwar namentlich in der letzten Periode vor dem Zusammenbruch des deutschen Imperialismus, seit dem Attentat auf den deutschen Gesandten. Die Binsenweisheit, daß Revolutionen nicht mit Rosenwasser getauft werden, ist an sich ziemlich dürftig.

Alles, was in Rußland vorgeht, ist begreiflich und eine unvermeidliche Kette von Ursachen und Wirkungen, deren Ausgangspunkte und Schlußsteine: das Versagen des deutschen Proletariats und die Okkupation Rußlands durch den deutschen Imperialismus. Es hieße, von Lenin und Genossen übermenschliches verlangen, wollte man ihnen auch noch zumuten, unter solchen Umständen die schönste Demokratie, die vorbildlichste Diktatur des Proletariats und eine blühende sozialistische Wirtschaft hervorzuzaubern. Sie haben durch ihre entschlossene revolutionäre Haltung, ihre vorbildliche Tatkraft und ihre unverbrüchliche Treue dem internationalen Sozialismus wahrhaftig geleistet, was unter so verteufelt schwierigen Verhältnissen zu leisten war. Das Gefährliche beginnt dort, wo sie aus der Not die Tugend machen, ihre von diesen fatalen Bedingungen aufgezwungene Taktik nunmehr theoretisch in allen Stücken fixieren und dem internationalen Proletariat als das Muster der sozialistischen Taktik zur Nachahmung empfehlen wollen. Wie sie sich damit selbst völlig unnötig im Lichte stehen und ihr wirkliches, unbestreitbares historisches Verdienst unter den Scheffel notgedrungener Fehltritte stellen, so erweisen sie dem internationalen Sozialismus, demzuliebe und um dessentwillen sie gestritten und gelitten, einen schlechten Dienst, wenn sie in seine Speicher als neue Erkenntnisse all die von Not und Zwang in Rußland eingegebenen Schiefheiten eintragen wollen, die letzten Endes nur Ausstrahlungen des Bankerotts des internationalen Sozialismus in diesem Weltkriege waren.

Mögen die deutschen Regierungssozialisten schreien, die Herrschaft der Bolschewiki in Rußland sei ein Zerrbild der Diktatur des Proletariats. Wenn sie es war oder ist, so nur, weil sie eben ein Produkt der Haltung des deutschen Proletariats war, die ein Zerrbild auf sozialistischen Klassenkampf war. Wir alle stehen unter dem Gesetz der Geschichte, und die sozialistische Gesellschaftsordnung läßt sich eben nur international durchführen. Die Bolschewiki haben gezeigt, daß sie alles können, was eine echte revolutionäre Partei in den Grenzen der historischen Möglichkeiten zu leisten imstande ist. Sie sollen nicht Wunder wirken wollen. Denn eine mustergültige und fehlerfreie proletarische Revolution in einem isolierten, vom Weltkrieg erschöpften, vom Imperialismus erdrosselten, vom internationalen Proletariat verratenen Lande wäre ein Wunder. Worauf es ankommt, ist, in der Politik der Bolschewiki das Wesentliche vom Unwesentlichen, den Kern von dem Zufälligen zu unterscheiden. In dieser letzten Periode, in der wir vor entscheidenden Endkämpfen in der ganzen Welt stehen, war und ist das wichtigste Problem des Sozialismus geradezu die brennende Zeitfrage: nicht diese oder jene Detailfrage der Taktik, sondern: die Aktionsfähigkeit des Proletariats, die Tatkraft der Massen, der Wille zur Macht des Sozialismus überhaupt. In dieser Beziehung waren Lenin und Trotzki mit ihren Freunden die ersten, die dem Weltproletariat mit dem Beispiel vorangegangen sind, sie sind bis jetzt immer noch die einzigen, die mit Hutten ausrufen können: Ich hab's gewagt!

Dies ist das Wesentliche und *Bleibende* der Bolschewiki-Politik. In *diesem* Sinne bleibt ihnen das unsterbliche geschichtliche Verdienst, mit der Eroberung der politischen Gewalt und der praktischen Problemstellung der Verwirklichung des Sozialismus dem internationalen Proletariat vorangegangen zu sein und die Auseinandersetzung zwischen Kapital und Arbeit in der ganzen Welt mächtig vorangetrieben zu haben. In Rußland konnte das Problem nur gestellt werden. Es konnte nicht in Rußland gelöst werden. Und *in diesem Sinne* gehört die Zukunft überall dem „Bolschewismus".